granada
Lara Galvão

cacha
lote

granada

Lara Galvão

Tentei funcionar como um fruto
cujo sangue bebeu cada centímetro da paisagem
Mónica Ojeda

PARTE I
TODA GRANADA JÁ FOI ROMÃ

eu Enheduana (...)
o mel da minha voz virou babélico veneno
Enheduana

TODA GRANADA JÁ FOI ROMÃ

ando pela cidade
carregando uma bomba no ventre
prestes a explodir eu ando
pela cidade
que se incinera nas vielas
uma bomba está à solta
caminhando pela cidade

uma granada, eu, o verso

tenho tendência para o estrago
tanto quanto o ventre-verso
a catástrofe que carrego entre as pernas
escorre pelas ruas da cidade
ela me traga pelas mesmas vielas

um explosivo entre as pernas

a bomba, eu, o ventre, a cidade

eu tenho raiva, mas não é sobre isso o poema, você me entende?

acendo pavios
conto os caroços de uma romã
e os versos que não incendiei
avessa aos avessos

10   aprendo a falar a língua do fogo
        antes que a cidade faça de mim

        a guerra

CAVALEIRA DO APOCALIPSE

o fim do mundo é todo dia
depende do mundo em que o tempo tá

talvez eu nunca ganhe aquele prêmio
não tenho obsessão por ler o passado
falo de um presente que veio de ontem
mas é urgente em estado de agora
falo de um presente desigual
de uma cidade infernal
é inverno e faz papo de 40 graus
enquanto na rua
pessoas, pasmem
pessoas dormem de cobertor
a pele protegida pelo papelão
já não queima
ainda existe amanhã?
não sei, mas acordo de novo
em outra lei que se repete
mais uma vez
eu tomo chá com pão
mais uma vez
eu desço a rua
na mesma condição
eu queria ser a lua
mas meus pés nasceram
fincados numa terra de concreto quente

12 enquanto escrevo penso se devo
    conto as moedas que levo na bolsa
    que leve o próximo desafortunado
    um café com pão ou pinga
    eu entendo,
    ou tento
    qualquer coisa
    pra se abandonar,
    ou seguir

    o fim do mundo
    faz tempo
    já deixou de ser
    mera **passagem**

SOLUS   13

é noite dentro
no apartamento vazio
sinto em cheio
nó na boca do peito
estômago, esôfago, tudo um
emaranhado de órgãos
taças e ilusões
depois dos turbilhões
o nada chega avassalador

escolho rimas pobres
enquanto afago o ego

sempre me pergunto
como se sentem outros
bichos-humanos
quando estão a sós
vulneráveis
quando tudo que existe
são as tais vozes

"não sois vós"
elas dizem

14   deslizo os dedos na tela do celular
me desvio do silêncio por horas
é preciso encará-lo de frente
apesar de pesares e desconfortos
estou aqui, não me posso mais fugir

dizem que a primeira hora é a mais difícil
as outras, passei dançando entre os destroços

QUARTA-FEIRA DE CINZAS

em estado de observação
como alguém que olha uma peça de fora
chora, aplaude, contempla, boceja
dá uma olhada no celular
no impulso
bloqueia a tela
repetidamente

enquanto passa o cortejo
reparo

sábado saí na rua
todos eram felizes
eu me lembro

enquanto respirava
purpurina de todas as cores
serotonina, tesão, libido
e seus corpos
desciam as ladeiras
da minha rua

a esperança pode vir vestida de *hotpants* e paetê
quem sabe

o cortejo continua passando
repetidamente
samsara
penso

é terça-feira
segue a festa da carne
os corpos continuam nus
descendo as mesmas ladeiras
tudo cheira a álcool, mijo e melancolia
vivo ou morto, viva o delírio

vozes roucas me contam cantigas de ontem
ainda é possível encontrar alegria nas esquinas

os mesmos corpos
atracados atrás dos carros
no meio da rua
tudo é canibal

tal qual meus pensamentos
um atrás do outro
se comem
um atrás do outro

o cortejo continua passando
na ladeira da minha rua

é quarta-feira de cinzas
me pergunto quem é a fênix
dos mitos modernos
o que fazer para atrasar as nuvens
e outras questões impossíveis

"o sol há de brilhar mais uma vez"
toca na minha vitrola via *bluetooth*

inimigos dos fins e dos meios
insistem em cantar
nas mesmas esquinas
antigas toadas pagãs

quinta é dia de feira
o ano só começa depois dos canibais

EU TE AMO

como no dia em que transamos e eu vi buda,
mas não consegui ver a mim mesma então
olhei fixo seus olhos grandes e meditei

a única coisa comum a
todas as pessoas que amei demais são os olhos
maiores que os meus castanhos nunca mudos
confundo seus olhos com as fossas abissais
mergulho sem cilindro
nunca mais voltei daqueles olhos

eu te amo
como no dia em que fodemos e eu chorei feito uma criança
perdida no supermercado, sem saber onde estava me perdendo
fiz um dilúvio no colchão

dois corpos jorrando lágrimas
entre arcas, anjos e demônios
todos os mitos modernos
perdidos nas valas desse corpo
mente, espírito eu sei lá

eu te amo
como no dia em que fizemos amor porque eu queria te colar no corpo
ignorando a minha libido caquética, essa que te faz sentir mal-amado
e me rasga por tantos orifícios

eu quero que se fodam todas as minhas faltas

eu te amo
como quem ignora mil superstições e parte
em direção ao precipício com uma vela acesa na mão

preciso
comprar um caderno
pra te escrever e dizer
lembrei de você
mas eu não vou
até a sua rua
já faz anos
e não pretendo voltar
mas ela passa
entre as 34
abas abertas
na minha mente
vez ou outra

junto com as ruas de pedras
de paraty ou tiradentes
junto com a minha vontade
de largar tudo e ir à lua
de um jeito qualquer
um foguete
um precipício

junto com a minha vontade de rasgar
aquele cartão-postal
junto com a minha vontade de quebrar
os pés de um bilionário

que vive sentado no trono apodrecido
do planeta um dia azul
vendo a vida desmoronar

enquanto cupins roem
cédulas e cristais
a terra seca
e eu subo as ladeiras
do fim dos tempos
com as cartas
que eu não escrevi
nem deveria
pra colocar
todos os pontos finais
e os pingos nos is
nas pálpebras
no raio que o parta

quando tudo acabar
ficam as almas
os cupins
e as palavras
não endereçadas
quando tudo acabar
resta a solidão do tempo
esse que é eterno

22

eu queria comprar um caderno pra te escrever
mas o meu tempo anda se despedaçando
esse que não é eterno muito menos terno
dito isso, espero que entenda
já não posso andar pra trás

fecho o navegador
reinicio o sistema
e sigo
sem enviar
as malditas cartas

TOMATES E O CAPITAL

estou cansada
de me sentir pequena
e sentir tanto ódio
dentro desse corpo
minúsculo ínfimo
e de ser vista por
olhos menores
ainda vista pequena
por esses olhos

é um inferno o mercado
todos eles, publicitário, editorial
o mercadinho da esquina
que me rouba com seus tomates podres
mais caros que uma pedra de sal
é um inferno o mercado
seus pequenos líderes
exercendo minúsculos poderes

esses dias fui no mercado
comprar tomates miúdos
mas eles não tinham uma solução
pra queda do céu
nem pro crescimento inverso dos homens
muito menos para o meu ódio
nesse corpo

pequeno, minúsculo, ínfimo
infernal

o inferno é o mercado
suas mãos
visíveis a me sufocar
e esses específicos outros
nos escritórios, nos palanques
microscópicos gigantes

o inferno
ele é tudo isso
a minha miudeza
e coisa e tal

MEMÓRIA DA PÁGINA EM TRÊS ATOS

I

para mim a página em branco
é o infinito que nunca pude
ser ou tocar sempre
a reescrever rasurar
histórias outras
nunca moisés
homero nunca
uma voz

sou apenas Eco

sou apenas aquela

sou apenas outra

uma voz
homero nunca
nunca moisés
histórias outras
a reescrever rasurar
ser ou tocar sempre
é o infinito que nunca pude
para mim a página em branco

II

tento poder, essa palavra enorme
vazia como a página que sozinha
nada significa ao gregório duvivier
estarei fadada ao que se repete
é isto que sou?

há muitos ecos neste vale
nunca contado sem narciso

falo
falo
falo
falo

seja falo ou fala
a coluna em branco
nunca se fará
ainda assim insisto
nunca repetir os fins

traçar espelhos
quebrar miragens
jogar os cacos fora

III

enfim rasurar papiros como quem começa

este livro imaginário não é sobre ser uma mulher
ou sobre sangrar, afinal o que seriam
tais mitos

ontem fui uma bomba-relógio
hoje menstruo pacífica
o otimismo voltou a reinar no útero
cogito me agarrar às pílulas
glutens, ginecologistas traíras
boys lixo e outras girls
faremos uma ciranda
encher a cara
fumar cigarros
pilotar uma tormenta

deliro

"eu sei enrolar meus próprios cigarros"
respondo ao macho urrando sobre a mesa
foi-se a época em que eu chorava chifres
hoje os afio com lixas de unha cor-de-rosa
penso que sou livre
ele pensa que é um macho
ainda assim uma bomba
mitológica ancestral

deve ser disso que se trata o livro

babélica como as linhas desse trem

BALADINHA

que se danem
os poetas mortos
suas sociedades e patriarcas
eu estou viva e tenho fome

que se danem os poetas mortos
eu estou viva e tenho fome

acho que estou viva
sei que tenho fome

vocês estão mesmo mortos?

– A humanidade surge do medo
Odeio-te e você me odeia, mas porque sofremos poderemos nos tocar
Mónica Ojeda

CENOURAS AO FORNO

pego as cenouras
descasco as cenouras
sinto que tiro aditivos
químicos e outras besteiras contemporâneas
até mesmo as cenouras
estão contaminadas
enfim
perco fibras
continuo

pico as cenouras
penso no poema
pico as cenouras
as rodelas mais finas
penso no poema
lembro do dedo
é tarde demais
continuo picando as cenouras
e pensando no poema
acho graça
reservo

descasco as cebolas
penso no pensamento
imagino o poema
corto no meio
corto a metade no meio

repito frases na cabeça
"ninguém é livre
sendo a prisão de alguém"
choro
lembro da cebola
ninguém é
livre
continuo picando
e como sempre
me irrito

desisto da cebola
fujo das lágrimas
um meme qualquer me atinge
adiciono risos e kkkks
misturo tudo
levo ao forno

depois de alguns minutos
está pronto o poema

as cenouras ainda esperam
impossíveis como bolos de fubá
nas manchetes de 74

FOME

continuo querendo
devorar os poemas
as poetas
os outros, menos

continuo querendo
incendiar a minha virilha
deixar correr o nó que existe
nalgum canto desse corpo
enxuto mísero pequeno

ainda assim este corpo
apesar de fraco
contém segredos homéricos
ainda assim este corpo miúdo
insiste em jorrar os poemas
devorar as tigelas, palacetes
aqueles impérios se repetem
num ciclo hipnótico

tudo passa
os poemas sempre voltam

JULIETA

faz dias
que todos os dias
antes de dormir
imagino no escuro do quarto
a solidão fria de uma cova rasa

tenho insônia desde criança

a realidade me assombra mais
do que a falta de sono

quando eu estiver sonhando
por favor não me belisque

UMA CASA NO MATO

belos pássaros, ganjas
pulgas, mariposas
um copo de vidro
zonzo, mais um copo
os erres todos tortos

a ganja, o copo, o pó
era doce o pó não era
corpo

eram três tigres
eram duas gazelas

meu corpo inteiro geme
e uma faca na mão
meu corpo inteiro treme
e uma faca na mão
é tarde é tarde é tarde
dizia o coelho fraco
não há buraco
nessa casa

é tarde
os meus estão todos cerrados
por debaixo do travesseiro
um canivete deixava inteiros

tanto sonhos
quanto mexericas
era doce

meu corpo inteiro
medo

era tarde agora
ainda é cedo

os tigres se fizeram mansos
a carne ainda treme

PROSINHA VERMELHA I

um sol sangrento paira sobre as cabeças enquantos seus raios fazem rachaduras na pele. a fumaça já não paira, ela preenche todos os buracos. em todas as camadas há um palanque em todos os palanques há um homenzinho que não deveria pregar os olhos na escuridão. para trocar de pele ainda é preciso se pressupor que está morta. é preciso destruir o homenzinho que vive dentro. transformar numa floresta. há flores, fauna, fungi, fé. ela é tão bela assim vista em sonho. um assombro. a floresta também dá medo. você ainda se lembra?

PROSINHA VERMELHA II

depois do encontro as palavras giram e seguem girando, elas nunca se acomodam. o outro é também um embate assim como as palavras me mordem a nuca. as mesmas palavras que me fazem carinho são as que te dão dentadas. a boca é um músculo que deve ser exercitado, mas cuidado. cuidado. encontros podem ser trombamentos conturbados, palavras podem carregar mortalhas. a boca é um músculo que deve ser exercitado também calado. cuidado. aquele outro em carne viva. imagina, medita, brisa, delira, curte, cuida, lambe, chupa, chora. um, dois, 3 mil atos. estou ficando louca. são tantos jeitos de se usar uma granada.

ANATOMIA DE UMA ROMÃ

o que é o que é
tem o tamanho de um punho em riste
não não, melhor dizendo
tem o tamanho de um punho em fuga

para todos os lados se abre
seus focos não conhecem limites
dos ligamentos ao sacro

possui sementes azedas
elas também gozam

não não
possui guizos avermelhados
eles também anunciam
o que nunca chegou
mas já faz tantos anos

é vermelha, é azul
talvez marrom

era algo assim, estava sempre lá
prestes a destroçar-se inteira
tinha mesmo uma coroa
por isso se fazia plena

histérica
da raiz a garganta
era mesmo fértil

tá aí, chame de imperatriz

tentaram de tudo
fizeram autópsias
ela nunca secou

EDIFÍCIOS

fálicos feito facas

eu também tenho um
falo

ele pode ser visto
caso os olhos estejam
nus aos ouvidos

assopre as areias
a fé não está amolada
nesse hemisfério
quem cega
hão de ser as facas

o absurdo mareja
meus olhos

as corujas já estão alimentadas

como podem as armas serem todAs elAs
todAs, até mesmo aquela
AK-47

enquanto elaboro os alicates
adagas me cobrem as esquinas

faço sinal da cruz
eu já lhe disse

elas também sabem cortar cabeças

CAÇADA

a madrugada e suas ladainhas
os olhos pregados
pipoca com azeite
mexericas podres
e você ifigênia a me atormentar o onírico

me zoa

o esquecimento é um privilégio de poucos
você continua me puxando os pés
está morta digo não como isaque

não como Electra, sim como a caça

VÍBORAS LOUCAS

como sempre
me contradigo
porque nada sei
ando lendo o passado

a antiguidade fascina
por ser antiga
ao mesmo tempo
em que é o agora

cândido,
a positividade tóxica
atravessa os mares
na guerra nada é bom
constato

estou no mar agora
as ondas também
me dão golpes
tudo não pode ser bom

tudo e nada só podem ser
mentiras contadas
pelos poetas mortos
e os filósofos
ainda hoje
de nada sabem

todas as merdas contemporâneas
e também as delícias

cantadas
pelas mesmas poetas antigas
que nunca morreram
essas mulheres excelsas
que estremecem cidades

vacas selvagens
víboras loucas
ainda hoje

é isso o tempo
nunca uma linha

PARTE II
LÍNGUA SOLTA

tem um livro me possuindo
humores mórbidos
punks e cemitérios

num mundo apocalíptico pra onde vai o útero?

tomar nota é só mais uma forma de contemplar o abismo

.

facas amoladas
e outras armas
e outras frutas
o baile
a mordaça
a história da fofoca

há tantas formas de se amolar uma mulher

.

o nosso ponto em comum é a solidão
o nosso ponto em comum é o desencaixe
o nosso ponto em comum é um atrito

do ártico ao clitóris

talvez fosse melhor uma vírgula

50 .

poderia ser o inominável
mas foi netanyahu e é preciso nomeá-lo
também os mísseis, made in usa
mas que saco, o planeta em chamas
dessa vez não era de linguagem a figura

"benjamin perde as bombas em apostas de bet online"
daria uma incrível manchete

.

"girls invented punk rock,
not england"

na foto uma capa
patti smith

pensei bem poderia
caber num poema
as garotas o punk o rock
sister rosetta tharpe
não a inglaterra
talvez os cavalos
rita lee, coquetéis
molotov

não fossem palavras poderiam ser uma revolução

LARISSA

aqui jazz seu bicho de estimação ególatra. ao som das guitarras elétricas eis a morte do umbigo. enfim o mundo enlouquecerá em paz.

PARTE III
BENDITAS CARTAS

Não há destinação, minha doce destinada
Jacques Derrida

SASHA,

estou agora
depois da tua passagem estatelada
como se um portal se abrisse
no espaço, antes paradigmas
agora portas escancaradas
luzes pulsantes
muito mais perto a tal liberdade

teu nome é
possibilidade

polos são opostos
de uma mesma coisa
os meios se justificam
por si só

na natureza existem
tantas cores e nuances
não existe uma única vespa
igual, assim como hoje
não sou a mesma
vespa amanhã

veja bem,
já se passaram cerca
de 4000 anos ou mais

perdi as contas
de todos
que um dia passei

transito

morrer é virar outro
todos os dias morrerei
eterna como um piscar de olhos

viver é nunca mesmo
agarrar esse instante
ou vir a ser qualquer coisa
tão etérea
quanto o tempo

nota pessoal:
aproveitar a transitoriedade radical devir a ser e nunca mesmo chegar

uma benção

"cruzei com um pássaro roxo
foi como de súbito
flutuar"

FRANCESCA,

agora é inverno, ainda faz calor
os gerânios florescem o ano todo
estou publicando uma fotografia
estão todos murchos todos
os gerânios não nascem sozinhos
é preciso antes uma semente
para haver gerânio é preciso
antes uma andorinha
é preciso
encontrar aquela caneta
gasta insistente arranha
papéis amassáveis
antes árvore

nasce um poema
agora é tarde

francesca,
os gerânios estão todos mortos

arranco raízes podres
as unhas sujas de terra
escavo uma única
semente

viva

para haver um poema
é preciso antes milhares
centenas de poetas

vivas vivas vivas

semeio o grão a unhas, dentes
veias, intestinos, o crl A4
me disseram que era ruim
palavrão no poema
por isso abrevio o óbvio
e uso sempre um regador
vermelho cor de grito
dou de beber a muda
que é pra não me faltar
voz

brotos crescem sob o sol
te aguardo no próximo verão

para Ana Sarracena

vó,

tento entender porque é que a gente vive
nesse balanço, pendulando pra lá
e pra cá, os humores os amores
aquela música pop
you're up then you're down

eu também uso emojis
tipo clown como quando
li a última notícia nacional
como quando eu ainda
ainda não sabia o que era partir

gargalhadas viram soluços
basta um estalar de tropas

tudo ainda pode sumir
como somem aqueles
que já não estão
como partem aqueles
que ficam

tento buscar o centro das coisas
enquanto me descentralizo
faço um círculo com as mãos
te procuro talvez por isso
tudo isso

sob outras órbitas devem de haver algumas respostas
se existem eu imagino
que você tenha ido
procurar

eu sei, você sabe sobre
balançar

as cadeiras, as redes
os balanços todos
ainda rangem
a sua partida

vó, eu tenho medo.

te procuro
te imagino
te persigo

como sigo o mistério de saber que nada mesmo nada está dado

admito ainda vivo
e me persigo, como antes
um centro, ministério
país

faço um círculo com as mãos
por ora isso é tudo
mais uma vez

respiro

62 CLARA,

é preciso elaborar o medo
que nos trouxe até aqui
essa estrada é lotada
de bifurcações
hyperlinks
dispersões

Ofélia já não é de madeira
ela caminha feito tu, Clara
questiona, boceja
corta a carne, o osso
os dentes caninos todos

ela ainda dá medo
como eu antes tive
da boneca de porcelana
fria, desnomeada
rasguei sua cara no chão
parecia combinar
com as pastilhas do banheiro

trocaram-lhe o rosto

deixa eu te contar
hoje existem robôs pulsantes
eles sentem tanto medo
quando amanhece

caminha, Clara
é preciso caminhar

derrube a casa, a doce família, os jardins
os cybers, os punks, aqueles arranha-céus

tens a pele outra, eu já não tenho
(tanto) medo

ainda vou cruzar aquela rua
sequestrar todas as esquinas
só pra te ver praguejar

tudo está escuro
e é tão bonito

caminha, Clara
é preciso caminhar

IFIGÊNIA,

de todas as armas
só a granada não é a extensão de um falo erétil e seus projéteis

a bomba talvez sua irmã

ifigênia,
a granada também se autodestrói quando mata
ela pode levar uma cidade inteira à ruína

um império
até mesmo troia

ela goza por todos os lados
ela mesma se come em seguida

"aqui jaz a granada morta que suas sementes nunca deixem de comer
aqueles cães ferozes"

os cavalos já não estão assim tão férteis
a cidade ainda goza

aquela fruta afinal
não era uma maçã
está viva

é hora de recomeçar

com amor,
Lara

NOTAS DE UMA AUTORA FEBRIL

não posso me esquecer dos caroços de Perséfone.

por algum motivo me sinto tão febril como quando ainda não sabia o que significava começar. os dedos me escapam, tento não ligar para erros ortográficos e julgamentos destrutivos. tudo parece me escapar logo eu mesma escapo. uma mulher em chamas ou uma mulher em fugas. me imagino como naquelas histórias de escritores adoentados que tiveram de passar a vida com palavras e só. por alguns instantes me parece uma benção não ter de pisar num mundo que não livros, papéis, versos. lembro de uma entrevista com Mónica Ojeda na qual a autora conta que começou a escrever A História do Leite em estado febril. acho auspicioso. "destruição é criação". inflamo, rasgo, continuo querendo corrigir os erros todos. um livro é feito de coisas sombrias, não sei falar sobre o livro. acho que sei falar sobre as coisas sombrias, escolho dar voltas em torno delas. assino meu nome como fez Enheduana em algum princípio. recomeço. um dia um parente querido me disse que eu precisava abalar mais, me atirei através de um pensamento como uma luneta para o céu. era então um palco, luzes, holofotes. eu, uma guitarra, a minha voz vibrando em ondas sonoras. poesia, público, calor. corta cena. eu lá nua, fragmentada. terrivelmente humana. ainda sinto raiva quando escrevo ainda sinto prazer. não, eu não quero ser grande, estou procurando uma ternura perdida. uma gentileza nunca antes vista. algo que se pareça com um pequeno nó entre heras. um livro. escolho alicates para lidar com as flores. uma declaração de amor. ainda estou em chamas, mas recuso a histeria. ainda estou em chamas e continuo procurando caroços em meio às ruínas. a recusa é uma pequena caixa de fósforo em que me ponho dentro. quero a beleza de um sim. a ferocidade das coisas simples. chorarei de beleza. ainda estou tentando voltar aquele jardim. ainda quero escutar a cantoria das cobras, comer aquela fruta, quebrar todas as cercas. descerei a submundos próprios. escolherei um nome para chamar de meu. já estou me lembrando.

caroços são sementes vivas, não posso me esquecer.

agradeço imensamente àquelas que me inspiram, que me desejam viva enquanto construo versos com mãos que tremem, mas insistem em continuar. dedico este livro à minha mãe Gissia Gomes Galvão e à minha avó Cacilda Gomes Galvão, herdei seus desejos ferozes e línguas afiadas. àquelas que me acompanham no caminho das palavras Lívia Aguiar, Marina Magalhães, Ana Sarracena e Nina Ferrari. à minha terapeuta Glória Lotfi, por jogar o fio quando me perco nos labirintos do inconsciente. à Danielle Magalhães, Flávia Trocoli e Ana Kiffer por tomarem a palavra e compartilharem seus percursos, é de uma generosidade sem tamanho. a Pedro Sena Menezes e a meu avô Galvão, por me fazerem acreditar na ternura.

a todos que me ajudam a lembrar.
a terra ainda é fértil.

CARA LEITORA, CARO LEITOR

A Cachalote é o selo de literatura brasileira do grupo Aboio.

Lemos, selecionamos e editamos com muito cuidado e carinho cada um dos livros do nosso catálogo, buscando respeitar e favorecer o trabalho dos autores, de um lado, e entregar a vocês, leitores, uma experiência literária instigante.

Nada disso, portanto, faria sentido sem a confiança que os leitores depositam no nosso trabalho. E é por isso que convidamos vocês a fazerem cada vez mais parte do nosso oceano!

Todas as apoiadoras e apoiadores das pré-vendas da Cachalote:

— têm o nome impresso nos agradecimentos dos livros;
— recebem 10% de desconto para a próxima compra de qualquer título do grupo Aboio.

Conheçam nossos livros e autores pelo site aboio.com.br e siga nossos perfis nas redes sociais. Teremos prazer em dividir com vocês todos nossos projetos e novidades e, é claro, ouvir suas impressões para sempre aprendermos como melhorar!

Embarque e nade com a gente.

Cada livro é um mergulho que precisa emergir.

APOIADORAS E APOIADORES

Agradecemos às 232 pessoas que confiaram e confiam no trabalho feito pela equipe da **Cachalote**.

Sem vocês, este livro não seria o mesmo.

A todos os que escolheram mergulhar com a gente em busca de vozes diversas da literatura brasileira contemporânea, nosso abraço. E um convite: continuem acompanhando a **Cachalote** e conheçam nosso catálogo!

Abel Sidney	Antonio Arruda
Adriane Figueira Batista	Antonio Pokrywiecki
Adrião Filho	Arman Neto
Alexander Hochiminh	Arthur Lungov
Amanda Correa	Barbara Borges de Oliveira
Jorge Wanderley	Beatriz Azevedo
amanda santo	Bianca Monteiro Garcia
Ana Buarque Ferreira	Bip Bip
Ana Maiolini	Brenda Cariz
Ana Sarracena	Brida Cardoso Quintanilha
André Balbo	Bruna Gonçalves de Araújo
André Pimenta Mota	Bruna Simões
Andreas Chamorro	Bruno Coelho
Anna Caroline Minghini Coelho	Caco Ishak
Anna Martino	Caio Balaio
Anthony Almeida	Caio Girão

Caleb Baltazar da Motta Sales

Calebe Guerra

Camilla Loreta

Camilo Gomide

Carla Guerson

Carla Schaffer

Carlos Menezes Filho

Cássio Goné

Cecília Garcia

Cecília Rogers

Celia Regina Andrade

Cintia Brasileiro

Claudine Delgado

Cleber da Silva Luz

Cristhiano Aguiar

Cristina Machado

Daniel A. Dourado

Daniel Dago

Daniel Giotti

Daniel Guinezi

Daniel Leite

Daniel Longhi

Daniela Rosolen

Danilo Brandao

Davi Teixeira da Costa

Denise Barros

Denise Lucena Cavalcante

Denise Simão

Dheyne de Souza

Diógenes de Lima

Diogo Mizael

Dirce Maria Schneider

Don Quispe

Dora Lutz

Eduarda Nasser

Eduardo Rosal

Eduardo Valmobida

Elizabete Mendes De Oliveira

Enzo Vignone

Fabiana Schaffer

Fábio Franco

Febraro de Oliveira

Fernanda Araruna

Fernanda Mourão Tavares

Flávia Braz

Flávio Ilha

Francesca Cricelli

Frederico da C. V. de Souza

Gabo dos livros

Gabriel Cruz Lima

Gabriel Stroka Ceballos

Gabriela Gomes Chrispim

Gabriela Machado Scafuri

Gabriela Sobral

Gabriella Martins

Gael Rodrigues

Giovanna Vidal
Giselle Bohn
Gissia Gomes Galvão
Glaucus Galvão Arruda
Glicia Maria Gomes Galvão
Guilherme Belopede
Guilherme Boldrin
Guilherme da Silva Braga
Gustavo Bechtold
Hanny Saraiva
Henrique Emanuel
Henrique Lederman Barreto
Hylton Sarcinelli Luz
Igor Dos Santos Mota
Inês Nascimento de Carvalho Reis
Isabella Luz
Ivana Fontes
Jadson Rocha
Jailton Moreira
Jefferson Dias
Jessica Ziegler de Andrade
Jheferson Neves
João Cugola
João Luís Nogueira
João Paulo Costa Fanticelli
Jorge Verlindo
Júlia Gamarano
Júlia Vita

Juliana Costa Cunha
Juliana Ribeiro Lopes
Juliana Slatiner
Julião Buarque Ferreira De Lima
Júlio César Bernardes Santos
Karoline Muniz
Laercio Nantes Coelho
Laís Araruna de Aquino
Lara Haje
Laura Redfern Navarro
Leitor Albino
Leonam Lucas Nogueira
Leonardo Pinto Silva
Leonardo Zeine
Lili Buarque
Lolita Beretta
Lorenzo Cavalcante
Lucas Ferreira
Lucas Grosso
Lucas Lazzaretti
Lucas Verzola
Luciano Cavalcante Filho
Luciano Dutra
Luis Cosme Pinto
Luis de Almeida Valle
Luis Felipe Abreu
Luísa Machado
Luiza Leite Ferreira

Luiza Lorenzetti
Mabel
Mabel Boechat Telles
Maíra Thomé Marques
Manoel Oliveira
Manoela Machado Scafuri
Marcela Carmo Kaiuca
Marcela Kaiuca
Marcela Roldão
Marcelo Conde
Marco Aurélio
    da Conceição Correa
Marco Bardelli
Marcos Vinícius Almeida
Marcos Vitor Prado de Góes
Maria das Graças
    Menezes Ramos
Maria de Lourdes
Maria Fernanda
    Vasconcelos de Almeida
Maria Inez Porto Queiroz
Maria Luíza Chacon
Mariana Donner
Mariana Figueiredo Pereira
Marina Lourenço
Marta Amora
Mateus Borges
Mateus Magalhães

Mateus Torres Penedo Naves
Matheus Picanço Nunes
Mauro Paz
Mauro Talaesnick Szuster
Mayte Albardía
Mikael Rizzon
Milena Martins Moura
Natalia Timerman
Natália Zuccala
Natan Schäfer
Nina Ferrari
Otto Leopoldo Winck
Patricio Enrique Bejar Rejas
Paula De Oliveira Camargo
Paula Luersen
Paula Maria
Paulo Scott
Pedro Sena Menezes
Pedro Torreão
Pietro A. G. Portugal
Rafael Atuati
Rafael Mussolini Silvestre
Raphaela Miquelete
Regina Ferreira Coelho
Renata Ettinger
Ricardo Kaate Lima
Ricardo Pecego
Rita de Podestá

Roberta Tostes Daniel

Rodrigo Barreto de Menezes

Samara Belchior da Silva

Sarah Munck Vieira

Sergio Mello

Sérgio Porto

Thaís Campolina Martins

Thais Fernanda de Lorena

Thassio Gonçalves Ferreira

Thayná Facó

Thelma Santos

Tiago Moralles

Tiago Velasco

Valdir Marte

Vanja Galvão

Weslley Silva Ferreira

Wibsson Ribeiro

Yvonne Miller

EDIÇÃO André Balbo
CAPA Luísa Machado
REVISÃO Marcela Roldão
PROJETO GRÁFICO Leopoldo Cavalcante

PUBLISHER Leopoldo Cavalcante
EDITOR-CHEFE André Balbo
ASSISTÊNCIA EDITORIAL Gabriel Cruz Lima
DIREÇÃO DE ARTE Luísa Machado
COMERCIAL Marcela Roldão
COMUNICAÇÃO Luiza Lorenzetti e Marcela Monteiro

ABOIO EDITORA LTDA
São Paulo — SP
(11) 91580-3133
www.aboio.com.br
instagram.com/aboioeditora/
facebook.com/aboioeditora/

© da edição Cachalote, 2025
© do texto Lara Galvão, 2025

Todos os direitos reservados. Nenhuma parte desta obra pode ser reproduzida, arquivada ou transmitida de nenhuma forma ou por nenhum meio sem a permissão expressa e por escrito da Aboio.

Grafia atualizada segundo o Acordo Ortográfico da Língua Portuguesa de 1990, que entrou em vigor no Brasil em 2009.

Dados Internacionais de Catalogação na Publicação (CIP)
Bruna Heller — Bibliotecária — CRB10/2348

G182g
    Galvão, Lara.
        granada / Lara Galvão.– São Paulo, SP: Cachalote, 2025.
    68 p., [16 p.] ; 16 × 19 cm.

    ISBN 978-65-83003-54-6

    1. Literatura brasileira. 2. Poesia. 3. Poemas. I. Título.

                                CDU 869.0(81)-1

Índice para catálogo sistemático:
1. Literatura em português 869.0.
2. Brasil (81).
3. Gênero literário: poesia -1

Esta primeira edição foi composta em Adobe Garamond Pro e Martina Plantijn sobre papel Pólen Bold 70 g/m² e impressa em maio de 2025 pelas Gráficas Loyola (SP).

A marca FSC® é a garantia de que a madeira utilizada na fabricação do papel deste livro provém de florestas que foram gerenciadas de maneira ambientalmente correta, socialmente justa e economicamente viável, além de outras fontes de origem controlada.